내게 끄적이다

문성환 에세이

책여정

- 일러두기
  1. 일부 표기와 맞춤법은 저자만의 고유 스타일임을 알립니다.
  2. 본문의 사진은 저자가 스마트폰(삼성 갤럭시)으로 직접 찍은 사진입니다.

프롤로그 2024. 04

그런 날이 있었어요
가슴 한 켠 너무 아리고 쓰린데
눈물을 참아내야 했던 그날을 잊지 못해요

늘 들어날까봐 숨죽이고
숨겨야만 했던 나날들
끝나지 않을 막막한 시간들
초침마저 멈춰버린 낡은 시계가
꼭 나 같아서 멍하니 쳐다보던 그날을
잊을 수가 없어요

싸우지 않아도 될
나와의 전쟁에서 피투성이가 되는 내가
너무 가여워 누군가가 나를 안아주었으면
좋겠다고 느끼던 그날을 잊을 수가 없네요
애 어른이 될 수밖에 없던 아이가
불혹이 되어 어른이어야 할 아이에게
끄적이기 시작하네요

작가램 GOJIB
문상란애

내게 끄적이다

1 ··· 프롤로그

010 ··· 선해지고 있는 내게 끄적이다
011 ··· 무작정 새벽길 걷다 끄적이다
012 ··· 상상할 수 없는 꿈꾸는 내게 끄적이다
013 ··· 다짐하며 끄적이다
014 ··· 가슴에 비가 내려 끄적이다
015 ··· 하루 복기하다 끄적이다
016 ··· 삶이 막막해서 끄적이다
017 ··· 한국가는 비행기안에서 끄적이다
018 ··· 맘이 그래 끄적이다
019 ··· 나답게 살고 싶어서 끄적이다
020 ··· 문득 내 손을 보며 끄적이다
021 ··· 사무실에 앉아 끄적이다
022 ··· 미안해서 끄적이다
023 ··· 인생 변곡점 앞에 끄적이다
024 ··· 어떻게 사냐고 묻길래 끄적이다
025 ··· 마음이 지쳐 끄적이다
026 ··· 스스로에게 끄적이다
027 ··· 내 살아가는 방식에 끄적이다
029 ··· 터질 것 같은 문닫힌 내게 끄적이다
030 ··· 침대 누워 멍 때리다가 끄적이다
031 ··· 괜찮지 않아서 끄적이다
032 ··· 약속 장소에 일찍와서 끄적이다
033 ··· 착각이 한순간 깨져서 끄적이다
034 ··· 터널 지나가다 끄적이다
035 ··· 평범한 삶을 살지 못해서 끄적이다
036 ··· 거울보다 끄적이다
037 ··· 새로운 도전을 앞두고 끄적이다
038 ··· 드넓은 하늘 바라보며 끄적이다
039 ··· 창밖보며 끄적이다
040 ··· 일하다 창보며 끄적이다
041 ··· 삼성 갤럭시로 담다 끄적이다
042 ··· 몸살나서 누워있다 끄적이다
043 ··· 커피 기다리다가 끄적이다
044 ··· 멈추고 싶은 내게 끄적이다

내게 끄적이다

046 … 벽 보다가 문득 끄적이다
047 … 프랑크푸르트 공항에서 끄적이다
048 … 길 걷다가 끄적이다
049 … 레고 조립하다가 끄적이다
050 … 롤러코스터 타고 내려서 끄적이다
051 … 이제는 올라서야해서 끄적이다
052 … 여름에서 가을 넘어가는 밤에 끄적이다
053 … 배 선착장 위에서 끄적이다
054 … 기회가 왔음을 알고 끄적이다
055 … 떠오르는 해를 보며 끄적이다
056 … 잠이 안와서 끄적이다
057 … 하늘 올려보며 끄적이다
059 … 현실 앞에서 끄적이다
060 … 좋은 사람과 대화하다가 끄적이다
061 … 잠시 눈 감고 끄적이다
062 … 주변 의식하는 내게 끄적이다
063 … 시계보다 끄적이다
064 … 엘리베이터 안에서 거울 보다가 끄적이다
065 … 막막한 하루 보내다 끄적이다
066 … 아픈 내게 끄적이다
067 … 그러지 말아야지 하면서 끄적이다
068 … 길에서 신호 기다리며 끄적이다
069 … 정신없이 살다가 끄적이다
070 … 눈 맺는 나무 보다가 끄적이다
072 … 마음 다잡고 끄적이다
073 … 바닥부터 시작한 내게 끄적이다
074 … 아시아나 비행기 안에서 끄적이다
075 … 나혼자산다 보다가 끄적이다
076 … 무릎 펴고 끄적이다
077 … 브라질 출장 가다가 끄적이다
078 … 회의감이 들어 끄적이다
079 … 자다 깨서 끄적이다
080 … 통화하고서 끄직이다
081 … 장대비 맞으며 끄적이다

083 … 눈물 참으며 끄적이다
084 … 풀밭에 앉아 끄적이다
085 … 그냥 외로워서 끄적이다
086 … 서해 낚시배에서 끄적이다
087 … 예가체프 마시며 끄적이다
088 … 신호 대기 중 하늘보며 끄적이다
089 … 풀 죽어 있는 내게 끄적이다
090 … 주말도 일하며 끄적이다
091 … 간절한 소망이 있어 끄적이다
092 … 마이너스 수저인 내게 끄적이다
093 … 문득 별을 보다가 끄적이다
094 … 퇴근길에 서글퍼서 끄적이다
095 … 동동주 세잔에 끄적이다
096 … 햇살 품은 푸른하늘 아래서 끄적이다
098 … 배고파서 끄적이다
099 … 빗줄기 보며 끄적이다
100 … 쉼의 의미를 알고 끄적이다
101 … 자갈길 걷다가 끄적이다
102 … 버텨지고 있는 삶에 끄적이다
103 … 색연필 꺼내다가 끄적이다
104 … 숟가락으로 밥 먹다가 끄적이다
105 … 가슴이 뜨거워서 끄적이다
106 … 정신 가다듬고 끄적이다
107 … 백신 맞고 누워서 끄적이다
108 … 인생 전부를 걸어 일하는 내게 끄적이다
109 … 마이너스 수저인 내가 청춘들에게 끄적이다
111 … 녹초가 되어 끄적이다
112 … 차 막혀서 차창 밖보다 끄적이다
113 … 폭설에 고립되어 끄적이다
114 … 뭘해도 안되는 요즘 끄적이다
115 … 새벽에 무작정 걸으며 끄적이다
116 … 빗물 보다가 끄적이다
117 … 인생 앞에서 끄적이다

내게 끄적이다

- 118 ⋯ 초심을 잊지 않길 바라며 끄적이다
- 119 ⋯ 씁쓸한 인생 앞에 끄적이다
- 120 ⋯ 차마 울 수 없어 끄적이다
- 121 ⋯ 마음의 늪에서 헤어나질 못해서 끄적이다
- 122 ⋯ 졸음쉼터 벤치에서 끄적이다
- 124 ⋯ 장마 속 차안에서 끄적이다
- 125 ⋯ 진짜 몰라서 끄적이다
- 126 ⋯ 선입견을 넘기지 못해 끄적이다
- 127 ⋯ 마스크 올려 쓰며 끄적이다
- 128 ⋯ 핸드폰 연락처 검색하다 끄적이다
- 129 ⋯ 아직 서성이며 끄적이다
- 130 ⋯ 바람 불어 끄적이다
- 131 ⋯ 한 주를 정리하며 끄적이다
- 132 ⋯ 공항에서 잠든 아이보며 끄적이다
- 133 ⋯ 속상해서 끄적이다
- 134 ⋯ 그냥 속이 아파서 끄적이다
- 135 ⋯ 사라고사 카페에 앉아 끄적이다
- 137 ⋯ 편의점 테이블에서 맥주 한 잔 마시며 끄적이다
- 138 ⋯ 맑은 하늘 보다가 끄적이다
- 139 ⋯ 피눈물 흘리며 끄적이다
- 140 ⋯ 여름밤 바람이 서늘해서 끄적이다
- 141 ⋯ 눈물 쏟아져서 끄적이다
- 142 ⋯ 먹구름 보다가 끄적이다
- 143 ⋯ 공허한 마음에 끄적이다
- 144 ⋯ 하염없이 내리는 눈보며 끄적이다
- 145 ⋯ 가슴 아려서 끄적이다
- 146 ⋯ 필요할때만 찾는 사람에게 끄적이다
- 147 ⋯ 술 잔 기울이며 끄적이다
- 148 ⋯ 황학산 정상에서 끄적이다
- 150 ⋯ 너무 완벽하려는 내게 끄적이다
- 151 ⋯ 불 꺼진 방에서 끄적이다
- 152 ⋯ 언제 죽을지 모르는 인생 앞에서 끄적이다
- 153 ⋯ 장미보다 문득 내가 생각나서 끄적이다
- 154 ⋯ 인천공항 가는 길에 끄적이다

155 … 비로소 알게되어 끄적이다
156 … 세상 앞에 거만한 내게 끄적이다
157 … 지난 기억들에서 벗어나지 못해 끄적이다
158 … 선배와 통화하면서 끄적이다
159 … 주변 시선을 의식하는 내게 끄적이다
161 … 어려운 길을 선택하면서 끄적이다
162 … 선택의 기로에서 끄적이다
163 … 건조기 쳐다보다 끄적이다
164 … 옥상에 주저 앉아 끄적이다
165 … 커피 물 끓이다 끄적이다
166 … 내리는 비 보며 끄적이다
167 … 술잔에 기대어 끄적이다
168 … 쓰러지고 일어나서 끄적이다
169 … 밥 먹다 끄적이다
170 … 길게 늘어선 마스크 줄 보며 끄적이다
171 … 창 너머 빛보다 끄적이다
172 … 달력 보다가 끄적이다
173 … 문 앞에서 끄적이다
174 … 살아온 삶을 생각하다 끄적이다
175 … 나도 날 몰라 끄적이다
176 … 얼음 먹다가 끄적이다
178 … 빗소리 들으며 끄적이다
179 … 달달한 과자 먹다 끄적이다
180 … 낯선 벤치에 앉아 끄적이다
181 … 그런 말들에 상처받지 말며 끄적이다
182 … 부정적인 사람 만나 끄적이다
183 … 모처럼 휴식을 취하고 끄적이다
184 … 떠나지 못해 끄적이다
185 … 힘 없는 내게 끄적이다
186 … 쉬고 싶어 끄적이다
187 … 별보다 끄적이다
188 … 그림보다 끄적이다
189 … 현실을 그림에 대입하다 끄적이다
191 … 강의 준비하다 끄적이다

내게 끄적이다

192 … 속이 쓰려 끄적이다
193 … 책상에 앉아 끄적이다
194 … 노을보며 끄적이다
195 … 갈대보며 끄적이다
196 … 비 온 뒤 하늘보며 끄적이다
197 … 무작정 걸으며 끄적이다
198 … 석양질 때 끄적이다
199 … 산책하다 끄적이다
200 … 안녕하지 못해 끄적이다
201 … 계단에 넘어져서 끄적이다
202 … 제주 출장 마치고 끄적이다
203 … 대한항공 비행기에서 끄적이다
204 … 썬글라스 벗고 차창 밖 보며 끄적이다
205 … 잘 수 없어 끄적이다
206 … 벤치에 누워 끄적이다
208 … 불금을 넘기며 끄적이다
209 … 비 맞으며 걷다 끄적이다
210 … 밤하는 달 보며 끄적이다
211 … 음악 들으며 끄적이다
212 … 남한강 걸으며 끄적이다
213 … 쓴 술에 찌푸리며 끄적이다
214 … 엘리베이터에서 끄적이다
215 … 한잔하고 끄적이다
216 … 씩씩하게 끄적이다
217 … 먹구름 쳐다보며 끄적이다
218 … 선택이 안타까워 끄적이다
219 … 마냥 걷다가 끄적이다
221 … 가슴에 눈물 가득해 끄적이다
222 … 소나기 피해 처마 밑에서 끄적이다
223 … 선택의 기로에서 끄적이다
224 … 하염없이 눈물 흘리며 끄적이다
225 … 바닥보다 끄적이다
226 … 가치 있는 날들이 있길 바라며 끄적이다

227 … 냉정해지는 내가 싫어서 끄적이다
228 … 화투 보다가 끄적이다
229 … 사무실 의자에 기대어 끄적이다
230 … 복잡한 인간관계 사이에서 끄적이다
231 … 옥상에 서서 끄적이다
232 … 기댈 수 없는 현실에 끄적이다
233 … 진짜 방법을 몰라서 끄적이다
234 … 외눈박이였던 내게 끄적이다
235 … T와F 사이에서 끄적이다

236 … 서평
239 … 서평글을 읽으며

살아보니 꼭
그렇게 안 살아도 괜찮더라

선해지고 있는 내게 끄적이다

영원할 것 같았던 것들이
한순간의 허무였다는 것을
이제야 아는 나는 바보

무작정 새벽길 걷다 끄적이다

감히 상상할 수 없는 꿈이 있기에
상상할 수 없는 노력중이다

상상할 수 없는 꿈꾸는 내게 끄적이다

잘해왔잖니 지금까지
일어나
깨어나
쓰러지지마

다짐하며 끄적이다

열심히 살았다는 말로 포장하기 전에
결과를 얼마나 증명했는지도
한번쯤 생각해야 한다

가슴에 비가 내려 끄적이다

꿈은 크게 품되
목표는 작은 것부터

하루 복기하다 끄적이다

누군가 알려줬으면 좋겠다
가야 할지
멈춰야 할지
때론 돌아가야 할지

삶이 막막해서 끄적이다

끝이 있어야 시작을 하고
비워야 채울 수 있으며
청소를 해야 깨끗해지듯이
언제부터인가
머릿 속 어딘가 마음 속 한구석쯤은
나만을 위해서 비워두는 것도
좋을 듯 싶다고 느끼기 시작했다

한국가는 비행기안에서 끄적이다

오히려 씩씩해 보이는
사람의 마음이 더 여리잖아요
속을 들키지 않으려고
겉으로 안간힘 쓰며 사는거에요
근데 그럴 필요 없는데

맘이 그래 끄적이다

나답게 살아야한다
나조차 알지 못하면서
나보다 남에 대해 알기 위해
쓸모없는 시간과 힘을 쏟는다
나부터 알아가야
단 한번뿐인 인생을
나답게 살 수 있다

나답게 살고 싶어서 끄적이다

그냥
손이 큰 사람보다
세상에
큰 손이 되고 싶다

문득 내 손을 보며 끄적이다

갖고 싶어 그리운 것들보다
이미 가지고 있는 것들에
소중함과 감사함을
느낄 줄 알아야 하는데
아직 철이 덜 들었나보다

사무실에 앉아 끄적이다

욕심을 부리면 안 되는걸 알면서도
사람이란 핑계로 욕심을 부렸던 나는
참 이기적인 놈이었어요

미안해서 끄적이다

변화는
기피하는 것이 아니라
깊이를 인식하는 것

인생 변곡점 앞에 끄적이다

지금 당장 죽더라도
후회는 없다
지금 이 순간까지도
열심히 살았기에
마지막 순간이 온다해도
웃으며 맞이할 수 있다

어떻게 사냐고 묻길래 끄적이다

힘들다 지친다
말 할 줄 아는
용기가 필요하다
말하지 않으면
아무도 모른다

마음이 지쳐 끄적이다

이제야 비로소
스스로 택한
무거운 갑옷을 벗으니
참 이토록 편안한 것을
그동안 고생했다
이제 편히 시선 의식말고
가볍게 웃으며 살아보자

스스로에게 끄적이다

왜 그렇게 사느냐고 묻는다면
이 방식대로 밖에서는 살 수 없기에
이렇게 사는 겁니다
그대의 삶의 방식이 정답은 아니죠
인생이 수학 공식처럼
딱 떨어지는 정답이 있다면
세상은 존재하지 않겠죠

내 살아가는 방식에 끄적이다

슬프지 않으려
스스로 닫아 버리면
절대 닫힌 가슴을
그 누구도 먼저 열어주지 않아

터질 것 같은 문닫힌 내게 끄적이다

쉬는게 어색해
무작정 뛰어 일만 했더니
몸을 혹사 시키는게
잘 사는걸로
착각하며 살았던
지난 날들을 후회하게 되네

침대 누워 멍 때리다가 끄적이다

느려도 괜찮다
조금 돌아가도 괜찮다
행동하여 앞으로 가고 있다는게 중요하다
그러나 중요한 건 내가 괜찮지 않다

괜찮지 않아서 끄적이다

내가 길을 잃었을 때
빛이 되어주고
방향을 알려주고
이정표 역할을 해줄수 있는
사람이 과연 누굴까에 대한
고민은 반드시 해야 한다

약속 장소에 일찍와서 끄적이다

시야가 넓은 줄 알았다
안목이 있는 줄 알았다
생각이 깊은 줄 알았다
이 모든 것이 아니었다
나 혼자만의 착각이었다
헛 웃음이 난다

착각이 한순간 깨져서 끄적이다

모두가 외면한 채
출구가 보이지 않는 터널에서
한줄기 빛이 되줄 수 있는
그런 사람이 되고 싶다

터널 지나가다 끄적이다

평범하게 사는게
쉽지 않은거라고 합리화 하기전에
왜 평범하게 살지 못할까
진지한 고민을 해봐야 한다

평범한 삶을 살지 못해서 끄적이다

결과의 쾌락과 희열만 느낄 줄 알았던 내가
비로소 과정의 행복을 알게되는 순간
세상이 온통 아름다워 보이기 시작했다

거울보다 끄적이다

목표를 정했으면
안정된 궤도에 이르기까지
쉼 없이 올라야한다
단 한순간의 오차도 없이

새로운 도전을 앞두고 끄적이다

늘 할 수 있다는
믿음을 가지고 밀어 부쳤다
주변에선 미련하다 했다
그러나 그게
내가 가진 유일한 무기였다
그러니 되었다

드넓은 하늘 바라보며 끄적이다

행운을 바라니 행복은 점점 멀어지고
행복을 바라니 마음만은 편해지고
없던 미소까지 덤으로 다가와
행운보다 값진 행복의 의미를 알게되네
한번뿐인 행운이라면
지속 가능한 행복을 더 간절히 바래요

창밖보며 끄적이다

두려워 열지 못하고
근심 걱정에 열지 못하고
따가운 시선에 열지 못하고
마음 다쳐 열지 못하고
어떤 이유로든 스스로 열지 못하고
용기내어
커튼을 여는 순간
상상치도 못 할
밝은 햇살이 웃으며 반겨주니
겁먹지 않기를

일하다 창보며 끄적이다

사진을 찍은게 아니라
내 자아가 보였을 때
잠시 담았을 뿐이다
단지

삼성 갤럭시로 담다 끄적이다

화려해 보여도 어둠이 있고
말을 많이해도 한구석 쓸쓸한 구석이 있고
웃고 있지만 다른 이면에는 어둠이 있듯이
세상 사람들 누구에게나
아픔과 시련은 있기 마련이죠
하지만
나만 세상에서 제일 슬프고 힘든 것 같지만
내 슬픔과 외로움은
총 맞은 것처럼 죽을 것 같은건 아니죠
버티고 참고 버티다 보면
나도 모르게 웃게 될 날이 반드시 올거에요
그러니 아파하지 말고 노여워 말아요

몸살나서 누워있다 끄적이다

머릿속에 생각하는 꿈보다
가슴속에 품은 꿈을 위해
한걸음 한걸음 걸어가봐요
한번 넘어졌다고 절대 포기하지마요
넘어져 봤으니 또 넘어지더라도
이젠 아픔이 반이 될거에요
그러니 두려워말고
가슴 속에 품은 그 꿈이
따뜻하게 온기를 품을때까지
힘내봐요

커피 기다리다가 끄적이다

누워서 세상 탓 하지말고
앉아서 한 숨 쉬지 말고
일어나서 움직여라
뭐라도 해라
그래야 탓이 운으로 바꿔 돌아온다

멈추고 싶은 내게 끄적이다

살면서 벽에 부딪히면
벽을 직접 넘거나
벽을 넘지 않거나
벽을 우회해서 돌아가는 것이다

벽 보다가 문득 끄적이다

얽히고 뒤섞여 있는 것 같지만
나름대로 규칙있게 정렬되어 있는
아이러니한 저 전선들처럼
우리 사는 인생 또한
어지러운 듯 나름 자연스러운
희한한 세상 속에 살아가는 우리
그러니 보이는 것만으로 판단하지 말기

프랑크푸르트 공항에서 끄적이다

내가 걷는 발걸음이
부디 길이 되길 바랄 뿐

길 걷다가 끄적이다

길을 몰라도
할 줄 몰라도
그냥 무작정하면 되더라
그니깐 무작정 해봐

레고 조립하다가 끄적이다

인생은
롤러코스터라던데
그런거 같네
근데 언제 올라
하늘과 제일 맞닿을 수 있을까

롤러코스터 타고 내려서 끄적이다

사람은 바닥을 찍어봐야
자존감을 잃어봐야
비로소 올라서야하는
진정한 이유와 의미를
알게되는 듯 해
그래서
이제는 올라서는 일만 남았네

이제는 올라서야해서 끄적이다

아무도 나를 기억하지 못한다는 건
참 불행한 일이지만
어쩌보면 참 행복한 일 일 수도 있다

여름에서 가을 넘어가는 밤에 끄적이다

날고 싶다
저 하늘에 갈매기처럼
어떤 걱정도 없이
부는 바람에
드넓은 하늘에
이 한 몸 맡겨보고 싶다

배 선착장 위에서 끄적이다

기회가 왔을 때
잡고 못 잡는
딱 한가지 차이는
바로 준비

기회가 왔음을 알고 끄적이다

그래 그런거야
아무도 모르는게 인생이야

떠오르는 해를 보며 끄적이다

내 앞에 펼쳐질
위대한 세상의 가능성은
그 누구도 아닌 오로지 나만이
가야할 방향을 결정한다

잠이 안와서 끄적이다

끊임없이 표현해라
끊임없이 외쳐라
하늘도 표현하고 외쳐야
그 간절함을 알아준다

하늘 올려보며 끄적이다

722

인생은
동화가 아니다
연극도 아니다
그냥 현실이다

현실 앞에서 끄적이다

행동 행동 하나씩
모여 인생이 되고
말 말 한마디씩
모여 인품이 된다

좋은 사람과 대화하다가 끄적이다

다름과 틀림을 머리가 아닌
가슴으로 이해하는데까지
오랜 시간이 걸렸다

잠시 눈 감고 끄적이다

언제 생을 마감할지 모르니
하고 싶은대로 남 눈치보지 말고
사는게 좋을 듯 싶네요
어차피 내 인생은 내꺼니까

주변 의식하는 내게 끄적이다

시간은 상대적인 것이고
인생은 주관적인 것인데
관심은 예의가 필요하다

시계보다 끄적이다

머리가 이끄는대로 행동했더니
상처만 남았으니 이젠
마음이 이끄는대로 움직일테니
후회가 남지 않길 바랄 뿐

엘리베이터 안에서 거울 보다가
끄적이다

달리고 달려도
끝이 안보이는
터널 같지만
단지
긴 터널일 뿐
끝은 분명있다

막막한 하루 보내다 끄적이다

그럴 때가 있었다
한없이 놓고 싶을 때
이젠 마음의 매무새를 고쳐매고
스스로 만든 시커먼 독 안에서 빠져나가고 싶다

아픈 내게 끄적이다

그렇지 않은 척하느라 애써왔지만
이젠 눈물이 날 때 그냥 참지 않고 울어야겠다

그러지 말아야지 하면서 끄적이다

성공하고 싶었다
성공해서 싹 바꿔버리고 싶었다
나도 세상도 싹

길에서 신호 기다리며 끄적이다

너무 정신없이 살다보니
그 사소한 것들 조차
포기해야만 했던 지난 날들이
하염없이 후회가 되네

정신없이 살다가 끄적이다

틀린게 아니라
단지 달랐던 것인데
내 관점에서만 바라보며
고집을 부렸던 건 아닐까
사람은 절대 바뀌지 않는 것이 아니라
다르다는 걸 이제야 알아가는
나는 바보

눈 맺는 나무 보다가 끄적이다

내가 잊고 있는 건
다시 일어날 힘은 항상
나부터 시작된다는 것

마음 다잡고 끄적이다

가진게 없다 생각하고
나 혼자다 생각하면
용기가 생기고 그 용기로
무작정 도전하게 되면
남들은 무모하다 하지만
그 무모함이 시간이 지나
나에겐 빛이 되어 별이 된다

바닥부터 시작한 내게 끄적이다

뭐가 되고 싶었다
뭐를 갖고 싶었다
뭐랄까 그냥 떠나고 싶었다
뭐지 이런 기분은
뭐랄까 그냥
뭐지 싶다

아시아나 비행기 안에서 끄적이다

잘 살고 있는게 맞는건지
가는 이 길이 맞는건지
선택이 맞는건지
더 시간 흐르기 전에 포기해야 하는건지
이 길의 끝에 웃을 수 있는건지
버티면 정말 이루어지는건지
내 인생의 결말은 모르겠지만
왠지 나도 모르게 설렌다
내 선택의 끝은
부디 찬란하길 바라며

나혼자산다 보다가 끄적이다

어차피 바닥에서 시작했는데
또 떨어져도 누굴 탓하랴
이미 바닥이기에
또 올라서면 되건만
그래요 그래서
난 다시 일어날게요

무릎 펴고 끄적이다

크게 되고 싶어서
멀리만 바라봤는데
정작 소중한 모든 것들은
내 눈 앞 가까이 있다는 것을
이제야 알아가는 바보네요
나는

브라질 출장 가다가 끄적이다

요즘 문득 이런 생각이 든다
누굴 위해 이렇게 열심히 사는가

회의감이 들어 끄적이다

예전엔 사람들의 시선과 말에
일일이 신경쓰며 상처를 받았지만
이제는 굳이 그런 시선과 말에
신경을 쓰지 않는다
어차피 함께가지 못 할 인연이라면
굳이 오해를 풀려고 애쓸 필요가 없다
어차피 나와는 별개의 사람들이었으니까

자다 깨서 끄적이다

행복해 보이는데
불안해 보인다네
웃는거 같은데
슬픔이 가득한 것 같다네
강한 것 같은데
약한 것 같다네
이게 나인가 보네

통화하고서 끄적이다

왜 나만
밝아야 하는데 어둡지
웃어야 하는데 웃지 못하지
기뻐야 하는데 슬프지
편해야 하는데 불편하지
평범해야 하는데 평범하지 못하지
왜 나만

장대비 맞으며 끄적이다

그냥
울고 싶을때가 있다
그럼에도 불구하고
난 울지 못한다

눈물 참으며 끄적이다

한 순간의 행운을 쫓으려다
평생을 소중하게 여겨야 할
행복을 버려야만 했던 지난날을
후회해도 소용없는
부질없는 나날들이었다는 것을
이제야 느끼는 나란 사람은
참 바보중에 바보

풀밭에 앉아 끄적이다

늘 웃어야만 하고
늘 밝게만 보여야만 하는 나는
사실 가슴 한구석 쓰아린 사람인데
때론 나도 위로받고 싶은 사람입니다

그냥 외로워서 끄적이다

겸손하지 않고
기다릴 줄 모르고
섣불리 판단하고
자만하고
쉽게 생각하면
절대 낚시에서 승산이 없다
인생도 마찬가지

서해 낚시배에서 끄적이다

뜨면 지기 마련이고
지면 뜨기 마련인데
어찌 가슴앓이만 하려하나
가슴 속 태양도 때론
시간의 흐름에 맡겨보는 것도
좋은 선택이 될 수 있다

예가체프 마시며 끄적이다

하늘은 높고 넓기에
모든 걸 포용할 수 있다
그러나 인간은 하늘이 아니기에
모든 걸 포용할 수 없다
그러니 모든 걸 포용하려고 안간힘을 쓰면서
힘들어 할 필요가 없다

신호 대기 중 하늘보며 끄적이다

세상에 그 누구도
못난 사람은 없습니다
스스로를 낮추지 마세요
당신은 세상에서
고귀하게 빛 날 존재니까요

풀 죽어 있는 내게 끄적이다

하고 싶은 것만 하고 사는 세상은 꿈
하기 싫어도 하고 사는 세상은 현실

주말도 일하며 끄적이다

지는 해가 좋은 건
또 다시 뜬다는 이유 때문에

간절한 소망이 있어 끄적이다

대체 뭐가 그리 두려운가
어차피 바닥부터 시작한 인생인데
한 번 넘어진다한들
어차피 시작점이 바닥인데
더 이상 떨어질 곳 없이
올라갈 일들만 있는데
웃어라 춤춰라 미친 듯이
지금보다 더 찬란히
다가올 날들을 위해

마이너스 수저인 내게 끄적이다

오늘도 어김없이
넌 그 자리에 있구나
미안하다
너의 그 묵직함을
이제야 알게되서

문득 별을 보다가 끄적이다

오늘도 고생했다
내일도 고생하자
그것만이 세상사는 답이니까

퇴근길에 서글퍼서 끄적이다

황막한 사막을 걷는다해도
꽃길이라 생각했고
끝이 보이질 않는 터널을 지나도
빛이 들어오는 끝을 생각했고
억수로 쏟아지는 비를 맞을때에도
비가 걷치고 오색 빛깔
무지개가 뜰거란 희망을 품었다

동동주 세잔에 끄적이다

사람이 사람에게
정말로 힘이 되는 사람
살면서 한번은
정말로 진짜인 사람
그런 사람은
운명처럼 찾아온다

햇살 품은 푸른하늘 아래서 끄적이다

인생에는 때가 있다
가장 어려운 시기라 생각 될 때
오히려 더 좋은 기회를 꿈꿀 수 있는 시기

배고파서 끄적이다

지나간 과거에서
빠져나오지 못한다면
잊혀질 과거에 묻혀
새로이 빛이 날
그대의 찬란한 인생을
맞이하지 못하게 된다

빗줄기 보며 끄적이다

지금 받는 보상의 크기는
지난 과거의 고통의 크기

쉼의 의미를 알고 끄적이다

좀 느리게 간다고
좀 돌아 간다고
좀 쉬다 간다고
인생이 어떻게 되는건 아니다
단
내가 가는 길에서 방향이 중요하다
길이 없다고
길이 막혔다고
두려워말라
어차피 가야할 길이라면
내가 만든
내가 만들어 갈 그 길이
나만의 길이란 걸

자갈길 걷다가 끄적이다

잘난게 이기는게 아니라
버티는게 이기는거더라
이 세상은

버텨지고 있는 삶에 끄적이다

분명 각자의 색이 있다
굳이 남의 색에 맞춰 세상의 색에 맞춰
힘들게 살아갈 필요는 없다
자신의 색깔이 설사 선명한
빛을 내지 못한다하여 절대 기죽지마라
세상은 순백의 도화지이니
나만의 색은 꼭 찬란한 존재 가치가 있다

색연필 꺼내다가 끄적이다

금수저 은수저 흙수저는
어쩔 수 없이 정해져 태어나지만
자신 인생의 그릇은 스스로의 노력으로
그 크기를 키울 수 있다

숟가락으로 밥 먹다가 끄적이다

너무 머리로만 생각하다가
가슴으로 말하는 것을
놓칠 때가 많다
때론 머리가 아닌
뜨거운 가슴의 온도가
맞을 때가 있다

가슴이 뜨거워서 끄적이다

꽃이 피기 전 봉오리처럼
거듭나기 위한 과정을 지날 뿐이다

정신 가다듬고 끄적이다

쉼표는 마침표 전에 찍어야 한다
절대 쉼표가 마침표 뒤에 올 수 없다
고로 뜻을 이루기 위해선 쉬는 것 또한 중요하다

백신 맞고 누워서 끄적이다

자신만의 무대에서
전부를 걸어 도전하다보면
거북이처럼 느리지만 완주는 할 수 있겠지

인생 전부를 걸어 일하는 내게 끄적이다

끌어주는 이도 밀어주는 이도 없는 나는
무모한 열정으로 나만의 길을 만들었다
때론 바위에 부딪쳐도
때론 시궁창에 빠져도
때론 한참을 돌아가도
운명이라 믿으면 나만의 길을 만들었다
하지만 그대들은
좀 더 수월하지 않은가
끌어주는 이도 밀어주는 이는 없어도
이미 펼쳐진 길은 있지 아니한가
그런데 흙수저면 어떠하리
세상 탓 남 탓 하지말고
이미 열린 길에 열정과 정열을 다하기를

마이너스 수저인 내가 청춘들에게 끄적이다

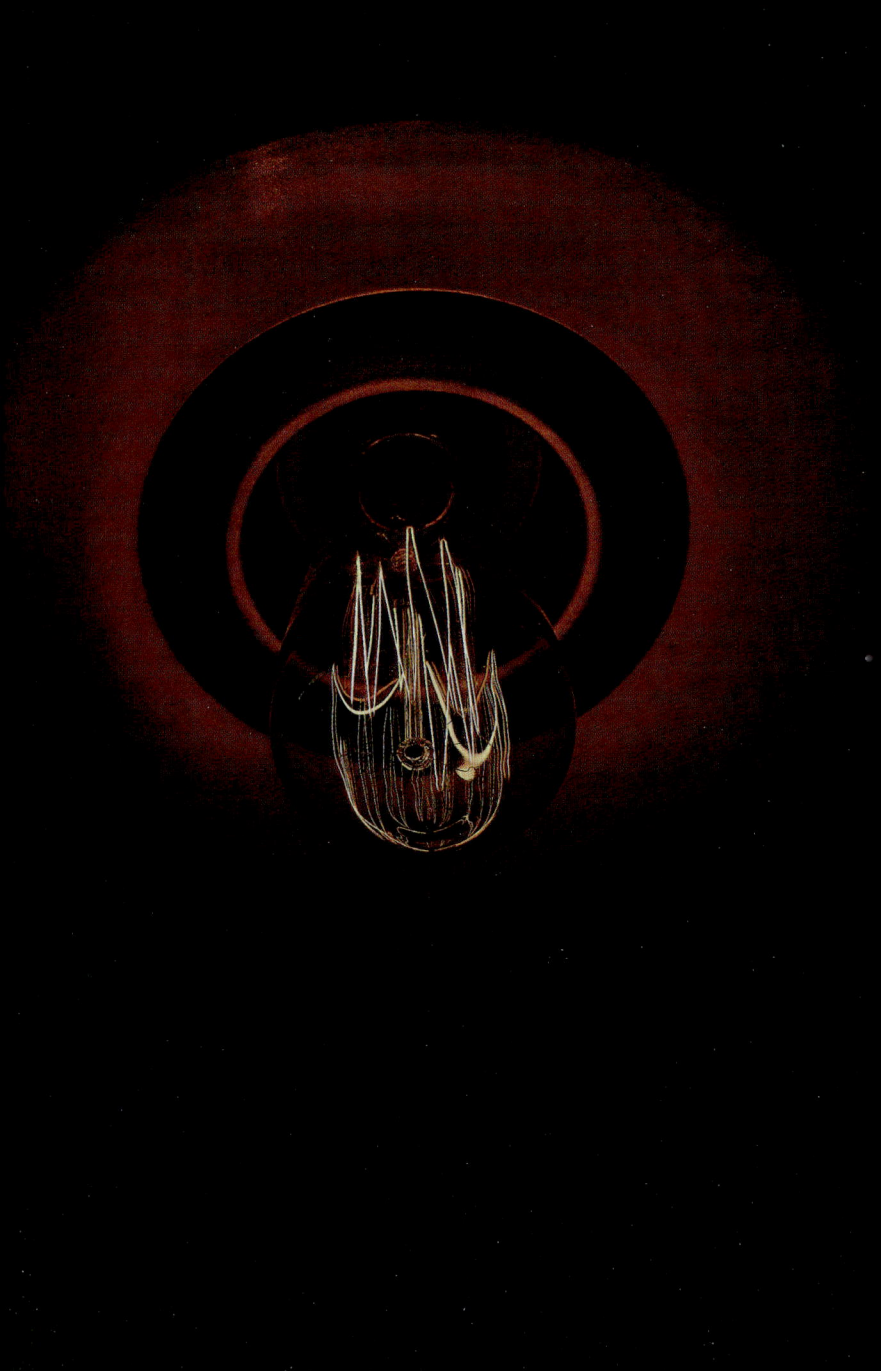

눈 앞에 보이는게 전부가 아닌 듯
인생도 살아봐야 어떤지 알 수 있겠지
어떤 인생이 펼쳐질지는 바로
나하기 나름

녹초가 되어 끄적이다

다가오지도 일어나지도 않을
훗 날에 대한 막연한 걱정들보다
지금 이 순간을 어떻게 보내느냐가
더 소중하고 중요한 일이야

차 막혀서 차창 밖보다 끄적이다

죽을만큼
간절하지 않아서
안하는거지
못하는 건 없다

폭설에 고립되어 끄적이다

절호의 찬스를 얻었다
정말 내 사람이 누구인지를 걸러 낼 수 있는
지금 이 힘든 시기

뭘해도 안되는 요즘 끄적이다

새벽녘
살랑살랑 불어오는
바람이 왜 이리도
뼈 속 깊은 곳까지 시린건지
도무지 알 수 없지만
이대로 걷다보면
저 시린 바람마저 무뎌지겠지

새벽에 무작정 걸으며 끄적이다

소리내어 내리는 빗물은
소리낼 수 없이 흐르는 눈물보다
조금은 더 괜찮겠지

빗물 보다가 끄적이다

가끔 이런 생각을 해본다
저 하늘 위는 진정
아무 걱정없이 편안할까
그냥 다 놓고 가고 싶다
오늘은

인생 앞에서 끄적이다

원하는 바를 이루기 위해선
수많은 것을 포기해야 한다
포기하지 않는 과정을 거친다면
결코 결과는 원하는 바를 이룰 수 없다
하지만 대부분의 사람들은
과정까지도 아름답길 바란다
그건 욕심이다

초심을 잊지 않길 바라며 끄적이다

손 안에 한줌 잡아도
흩날리듯 잡히지 않은 모래처럼
인생살이도 한줌 모래알 같아서
잡아도 잡히질 않기에
아파하고 슬퍼하며
돌이켜 가슴 쥐어짜도
멍 투성일 뿐

쓸쓸한 인생 앞에 끄적이다

몰랐다면 좋았겠지만
아니었다면 좋았으련만
이미 알아버린 상황에선
빨리 정리해주는게
최선의 배려이기에
어차피 겪어야 할 숙명이라면
피하지 않고 겸허히 받아들이리라

차마 울 수 없어 끄적이다

꼬인 줄은 풀수라도 있고
세상사도 이리저리 풀면 되는데
마음의 늪은 어찌 풀라는 말이요

마음의 늪에서 헤어나질 못해서
끄적이다

상처는 사람으로 치유된다는데
또 다시 사람으로 상처가 되니
상처가 겹겹이 쌓여가는
나또한 사람이란게
아이러니하네

졸음쉼터 벤치에서 끄적이다

그땐 그랬었지
저 빛만 보고 가면 될 줄 알고
따라가도 끝이 없는 저 빛보다
어둠 속에서 살아가는 법을
알아가는게 더 나을 수도

장마 속 차안에서 끄적이다

알 듯 모를 듯
사람 마음

진짜 몰라서 끄적이다

안타깝지만
노력한 과정은
결과로 증명됐을 때
인정 받는게 현실

선입견을 넘기지 못해 끄적이다

살아온 지난 날들이
잘못이 아니라고
스스로 위로하고 살아왔지만
현실은
지나온 내 삶이
전부 잘못이라고 말하고 있네요

마스크 올려 쓰며 끄적이다

내 품안에 있어야
내 사람이다

핸드폰 연락처 검색하다 끄적이다

그저 살다보면
살아지는게 인생이더라

아직 서성이며 끄적이다

바람에 흐느끼는
세상에 흔들려
어차피 겪어야 할 과정이라면
부는대로 흔들리면 어떠하리

바람 불어 끄적이다

화려하지만 누군가를 위해
희생하는 폭죽처럼
누구나 화려한 삶을 바라지만
정작 스스로 희생하는
삶을 선택하지 못하는 나는
정말 이기적인 인생이 아닐까

한 주를 정리하며 끄적이다

누구나
동화 속 주인공처럼
순수한 삶을 원하지만
세상은
그닥 순수하지 못하다

공항에서 잠든 아이보며 끄적이다

세상은 넓고
세상은 둥글지만
내 맘은 좁고
내 맘은 삼각형

속상해서 끄적이다

말하지 않으면
말하지 않는대로
그냥 이해해주면 안되나요
말하지 않는 속은
얼마나 더 피투성이가 되어야하는 건가요

그냥 속이 아파서 끄적이다

만인에게 인정 받는다는 건
무모한 욕심이다
아무리 모자란 사람일지라도
어느 한 사람에게는 특별할 수 있다

사라고사 카페에 앉아 끄적이다

어떻게 행동하는게
나다운 건가요
한번쯤은 그냥 흐트러진 이 모습까지
좋아해주면 안되나요

편의점 테이블에서 맥주 한 잔 마시며
끄적이다

살아가다보면
누구나 억지로
하기 싫은 일을
할 때도 있더라

맑은 하늘 보다가 끄적이다

내가 오늘
머리를 숙이고 조아린 건
내가 아닌
내 사람들을 위해 한거지만
장담하거니와
10년 아니 1년 뒤엔
그대가 나를 잊지 못 할 겁니다
오늘 꼭 기억하세요

피눈물 흘리며 끄적이다

조금 늦는다고
못하는건 아니다
조금 빠르다고
다 이룬 건 절대 아니다
근데 시선은
늘 빠름에 익숙해져 있다
그래서 불안한거다

여름밤 바람이 서늘해서 끄적이다

울고 싶습니다
허나 울 수 없습니다
근데 알면서도
눈물이 쏟아집니다
폭풍처럼 쏟아집니다

눈물 쏟아져서 끄적이다

언제 터질지 모르는
꽉 찬 울음 주머니
텅 빈 외로움 주머니
내 가슴 속 주머니

먹구름 보다가 끄적이다

애써 괜찮은 척 웃어보지만
그저 눈물만 흐르네요
거창한 위로를 바라는 건 아니지만
조그마한 마음이 필요하네요

공허한 마음에 끄적이다

하이얀 눈 내리는 밤
참 아름답네요
하지만
이것도 한순간이겠지요
어차피 녹아 없어지니까요
인생도 그런거 같아요
설레이도록 좋다가도
눈 깜박거릴만큼
순간 없어져버리는

하염없이 내리는 눈보며 끄적이다

삶이 왜이리 고된가요
인생이 왜이리 아픈가요
나만 이런건가요
이게 맞는건가요

가슴 아려서 끄적이다

인생에서 지구력이 중요한데
기본을 망각한 채 순발력만
요구하는 사람들이 부쩍 있다
이는 스스로 무너지는 지름길이다

필요할때만 찾는 사람에게 끄적이다

단지 외로움을 없애기 위해
사람을 찾고 만나는 것인지
나의 행복을 나누고 주기 위해
사람을 만나려고 하는지부터
명확히 짚어야 한다

술 잔 기울이며 끄적이다

무조건 빨리 가야 되는 줄 알았는데
늦게 가도 괜찮더라
목적과 방향을 잊지 않는다면

황학산 정상에서 끄적이다

인정받지 않아도 되고
완벽하지 않아도 되는데
왜 스스로를 강박의 굴레에
가둬두고 힘들게 하는지

너무 완벽하려는 내게 끄적이다

삶이 무어냐고 물었을 때
그땐 모른다고 대답했는데
이젠 그냥 사는거라고 말하네요

불 꺼진 방에서 끄적이다

내가 만약 이 세상을 떠나고 나면
누군가가 나를 기억해줄까

언제 죽을지 모르는 인생 앞에서
끄적이다

화려해 보이지만
왠지 쓸쓸해 보이고
정열적으로 보이지만
어디 모를 아련함이 느껴지고
강렬해 보이지만
내면은 유연해 보이는
당신은 붉은 빛 장미

장미보다 문득 내가 생각나서 끄적이다

어쩌면 나는
속내를 감추려
일만 하는지도 모릅니다
그저 성공이란 핑계로
속을 더 아프게하는
나는 정말 바보랍니다

인천공항 가는 길에 끄적이다

다 그렇더라
다 그런거였더라
지나보니
흘러보니
이제야 알겠더라

비로소 알게되어 끄적이다

세상을 바꾸려 하지마라
나부터 바뀌지 않는데

세상 앞에 거만한 내게 끄적이다

예전의 기억에
스스로를 가둬 옭아매어
독방에 가둬두지 말기

지난 기억들에서 벗어나지 못해
끄적이다

뒤에 있는 사람
앞에 있는 사람보다
옆에 있는 사람이
진정 내 사람이라는
진실을 잊지말자

선배와 통화하면서 끄적이다

포기해도 돼
그 또한 용기야
내 눈에만 보이는 시선들 때문에
오기를 부리는 건
내 삶을 포기하는거야

주변 시선을 의식하는 내게 끄적이다

누구나 할 수 있는 것보다
누구나 할 수 없는 것을 해내는 것이
내가 택한 길

어려운 길을 선택하면서 끄적이다

선택에 반드시 따라오는 것은 포기
포기의 댓가를 치러야
선택의 단맛을 느낄 수 있다

선택의 기로에서 끄적이다

함께란
단어의 의미를
알아가야할
나이인데
자꾸
혼자란
단어의 의미만
되새기는 지금
거꾸로 가는
이 느낌은 뭘까

건조기 쳐다보다 끄적이다

놓으려 했건만
절벽 위에서
세상을 내려다보니
미련이 남아
떠날 수 없어
다시 살아가 보렵니다

옥상에 주저 앉아 끄적이다

그냥 운이 좋아 보이는
사람들의 뒤에는
희생이 따른 노력으로
흘린 땀이 있는 법인데
보통 사람은 그걸 보지 못하고
부러워만 하는 법

커피 물 끓이다 끄적이다

그래 그냥 내려라
나도 그냥 흐른다

내리는 비 보며 끄적이다

늘 그 자리에 묵묵히 있었건만
쓰디쓴 술 한잔에 기대어
하염없이 울어본다

술잔에 기대어 끄적이다

그 누구보다 열심히 살았는데
그 누구보다 무모하게 살았대요
참 아이러니하네요

쓰러지고 일어나서 끄적이다

말도 듣는 사람이 따스히 받아주면
김 모락모락나는 밥
듣는 사람 마음이 차가우면 찬 밥

밥 먹다 끄적이다

기약없는 이 싸움의
끝은 언제인지
상상치도 못한
싸움에서
이겨내야 하는데
자꾸 나약해지는
모습이 더 아프다

길게 늘어선 마스크 줄 보며 끄적이다

사소한 일상들이
이토록 소중한 것이었는지
뼈저리게 느끼고 있는 요즘

창 너머 빛보다 끄적이다

개구리도
깨어난다는 경칩인데
나는 깊은
겨울잠을 자고 있는 듯

달력 보다가 끄적이다

이 문을 열 수 있을까
늘 열던 이 문 밖의 세상이
이렇게 그리울 줄이야

문 앞에서 끄적이다

사실 삶이
막막 했어요

살아온 삶을 생각하다 끄적이다

요즘은 부쩍
늘 웃는 표정을 하고 있는
가면을 쓰고 있는 것 같다
이 가면 속의 진정한 난
어떤 표정의 감정이 있는지
숨겨야하는 내 삶에서
이젠 정말 가면을
벗어 던지고 싶다

나도 날 몰라 끄적이다

냉기 가득한 머리보다는
온기 가득 따뜻한 가슴을 가진
그런 사람이 되어보려 합니다

얼음 먹다가 끄적이다

대단한 걸
바라는게 아니라
소소한 일상 속에서
아기자기한 것들을
함께할 수 있는 사람

빗소리 들으며 끄적이다

날씨는 늘 맑을 수는 없으나
마음만은 늘 맑을 수 있다

달달한 과자 먹다 끄적이다

미래에 대한 불안감으로
많은 생각에 젖어
이런저런 걱정들로 사는 하루하루
미래에 대한 확신으로
불안하지 않는 현재는
오히려 더 불안한 미래가 될 것이다
지금의 이 걱정과 불안함이
찬란한 미래를 맞이할
값진 시간들이 될 것이기에 웃자

낯선 벤치에 앉아 끄적이다

몇 안되는 사람들의 말 때문에
절대 힘들어 말아요
그런 사람들보다 나를
더 아끼고 응원해주는
사람들이 더 많으니까요

그런 말들에 상처받지 말며 끄적이다

세상이 불공평하다고 원망마라
열심히 안하는 자신을 원망해라

부정적인 사람 만나 끄적이다

요동치던 일상도 이젠
좋은 인연들로 인해 평온해지니
이제부터는 부디 마음에게도
휴식을 주길 바래본다

모처럼 휴식을 취하고 끄적이다

쉬고 싶다
쉴수 있다
근데 뭔가 늘 불안하다
쉬고 있음 뭔가를 해야 한다는
강박이 머릿 속을 까맣게
가슴을 숨막히게 한다

떠나지 못해 끄적이다

아무리 고귀한 존재라도
스스로 막을 걷어 낼
용기가 없다면
스스로의 찬란한 빛을
세상에 비출 수 없다
이 세상 그 누구보다 빛 날
그대 힘내요

힘 없는 내게 끄적이다

눈 앞이 벽처럼 막힌 것 같지만
막상 뒤를 돌아보면 이토록 넓은 세상을
그냥 지나쳐 왔다는 것에 후회하게 되는
내 인생살이

쉬고 싶어 끄적이다

내가 아닌 누군가를 위해
반짝이려고 서두를 필요없다
오로지 나만을 위한
반짝임의 여유가 필요하다

별보다 끄적이다

인생은
스케치하는 것도 중요하지만
어떤 색을 골라
칠하는 것이 더 중요하다
담백하며 여백이 있는 수묵화가 될지
형형색색의 순수함을 띤 수채화가 될지
정열적으로 강인함을 줄 유화가 될지
원하는대로 자신만의
고유의 색을 선택하며
멋진 인생 그림을 완성하시길

그림보다 끄적이다

한 폭의 아름다운 그림은
그냥 그림이다

현실을 그림에 대입하다 끄적이다

10대는 10대의 시선으로
20대는 20대의 시선으로
30 40 50 60대는 그 시점의 시선으로 세상을 바라본다
시간이 흘러 나이를 먹다보면
경험이란 범주 안에 살게된다
이 경험속에는 좋은 것들 나쁜 것들
생각하기 싫은 것들 설레는 것들과 마주하게 된다
하지만 이 모든 감정들 또한 경험의 범주 안의 일부다
이렇듯 우리는 나이를 먹을수록
세상에 대한 시력과 세상을 바라보는 시야가 넓어지게 된다
이게 바로 경륜이고 연륜이다
그때 심각하게 고민하고 속상했던 일들
일어나지도 않을 미래에 대한 막연한 고민들은
시간이 흘러 지나보면 웃고 넘길 수 있는 일들이 대부분이었다
앞으로 세상을 바라보며 대하는
시력과 시야가 더 좋아지고 넓어질테니
지금부터 너무 두려워말고 아파하지 않았음 한다

강의 준비하다 끄적이다

모든게 잘 되는데
왜 내 맘 전부는
쓰아리다 못해 못 박힌 것처럼
이토록 아픈건가
다 내가 만든 인생이기에
후회해도 소용없다는 것을
이제야 비로소
아주 조금씩 느끼고 있다

속이 쓰려 끄적이다

혼돈의 연속이지만
예측할 수 없다는 것이
때론 희망의 빛 줄기가
될 수도 있으리란
믿음이 생기는 요즘

책상에 앉아 끄적이다

날씨마저 더워도 문제고 추워도 문제인데
인생에 이슈가 없으면 어찌하랴
그냥 무던하게 받아들이는게 정답

노을보며 끄적이다

때론 갈대처럼
바람 부는대로
모든 걸 맡겨 보는 것도
좋을 수도 있어

갈대보며 끄적이다

기다린다고 오지 않으며
쫓아간다고 갖지 못하며
안간힘 쓴다고 되지 않는다
묵묵히 신념을 갖고
방향을 잃지 않고
소신껏 가다보면
자신도 모르는 사이에
행운과 함께 한 길로 가고 있다

비 온 뒤 하늘보며 끄적이다

이 길의 끝은 과연뭘까
이 길이 과연 맞는걸까
이 길의 끝은 있기는 한건가
이 길이 정답인가
이 길이 아니면 어찌하랴
이 길 뿐인데
이 길에서 소신을 갖고 걸으면
이 길 속에 마주할 세상에서
이길거다

무작정 걸으며 끄적이다

더 높이 날고 싶었어
더 멀리 가고 싶었지
더 넓게
세상을 바라보고 싶었을 뿐
이제는
정처없이 하늘에 내 몸을 맡기고 싶어

석양질 때 끄적이다

때론 마음 가는대로
그냥 무작정 살아보라
굴레에 벗어나
머리 속 계산기의 통제속에서
벗어나는 순간
이전에 느끼지 못한
환상의 세상이 펼쳐지리라

산책하다 끄적이다

안녕하십니까
당신은 내가 안녕해보이나요
그러게 말입니다

안녕하지 못해 끄적이다

천천히 걸었지만
넘어지진 않았다
서둘러 달려
쓰러져보니 도무지 모르겠다
늘 아프고
늘 힘들고
다시는 올라서지 못할 것 같아
미친 듯이 죽을 듯이 두렵다

계단에 넘어져서 끄적이다

지친 관계에 미련 두지 말기를
좋은 인연은 나를 기다리게는 해도
지치도록 내버려두지는 않는다는 것을

제주 출장 마치고 끄적이다

누구나 한가지씩은
간절히 바라는 소망이 있다
그것이 무엇일지라도
빛나게 눈부시게
당신의 행복이 되길

대한항공 비행기에서 끄적이다

창밖에도 이렇게
예쁘고 멋진 것들 뿐인데
이 세상에는 얼마나 더
아름다운 것들이 많겠는가
이제라도
시커먼 안경 벗고
아름다운 것들만 봐야지

썬글라스 벗고 차창 밖 보며 끄적이다

피곤하면
자도 돼

잘 수 없어 끄적이다

끝이라 생각했는데 끝이 아니고
잊혀지리라 생각했는데 잊혀진게 아닌 듯
사람이란
갇혀진 망상에
후회할 걸 모르면서
또 후회하듯이

벤치에 누워 끄적이다

둥글게 둥글게
돌고 도는 세상이라
누군가는 말하지만
세상은 돌고 도는 게 아니라
이미 정해져 있다는
쓸데없는 착각에 빠져
딜레마에 빠져
착각의 늪에 빠져
살아가고 있는 건 아닐까

불금을 넘기며 끄적이다

분홍빛 선한 그 자체
피어있는 순간 설레게하는
하지만
주어진 시간이 그리 길지 않다는 것을
알면 더 씁쓸해지는 저 분홍빛
그래도 어찌하리
피어있는 순간만큼은
미소짓게 하는데

비 맞으며 걷다 끄적이다

달아 달아 밝은 달아
너도 매일 그 자리에서
고생이 많다

밤하는 달 보며 끄적이다

이 밤의 끝에
마주하는
묵직한 삶의 무게
솜사탕같은 뭉게구름처럼
달콤한 인생은
희망사항인가

음악 들으며 끄적이다

혼신을 다해도
숱하게 눈물 흘릴 때가
태반인데
어느 순간 놓게 되면
그때야 비로소
하나씩 이루어지는
이상한 세상법칙

남한강 걸으며 끄적이다

화려한 것 같아도 어둠이 존재하죠
인생살이에 답이 있나요
다들 그럭저럭
어쩔 수 없이 사는거죠
네 맞아요
인생은 늘 서글픈거죠
내색만 안 할 뿐이죠
네 힘들죠
스스로 힘든 길을 택한 죄죠

쓴 술에 찌푸리며 끄적이다

도무지 알 수 없는 삶이지만
레몬처럼 때론 시큼한 인생도
미생처럼 아직 준비되지 못한 인생도
파도처럼 오르락 내리락 하는 인생도
솔직히 누구나 겪어내야 할 인생의
라운드에서 부디
시작하기 전에 미리 겁 먹지말고
도전하고 이겨내라
단 한번뿐인 인생이니까

엘리베이터에서 끄적이다

말을 못해도
표현 못해도
울지 못해도
힘들다 내색 못해도
지친다 쉬지 못해도
졸리다 자지 못해도
쉬고싶다 쉬지 못해도
나는 못해요
내 삶 후회하지 못해요

한잔하고 끄적이다

그래
늘 그래왔잖아
그냥 쭉 가는거야

씩씩하게 끄적이다

참을만해요
힘들면 좀 어때요
참는게 더 쉬워요
괜찮아요
버틸만해요

먹구름 쳐다보며 끄적이다

확신은 내 스스로 하는거다
확신을 굳이 남에게 구할 필요는 없다

선택이 안타까워 끄적이다

내 인생을 타인에게
맞춰 가는 것은
가장 어리석은 일이다

마냥 걷다가 끄적이다

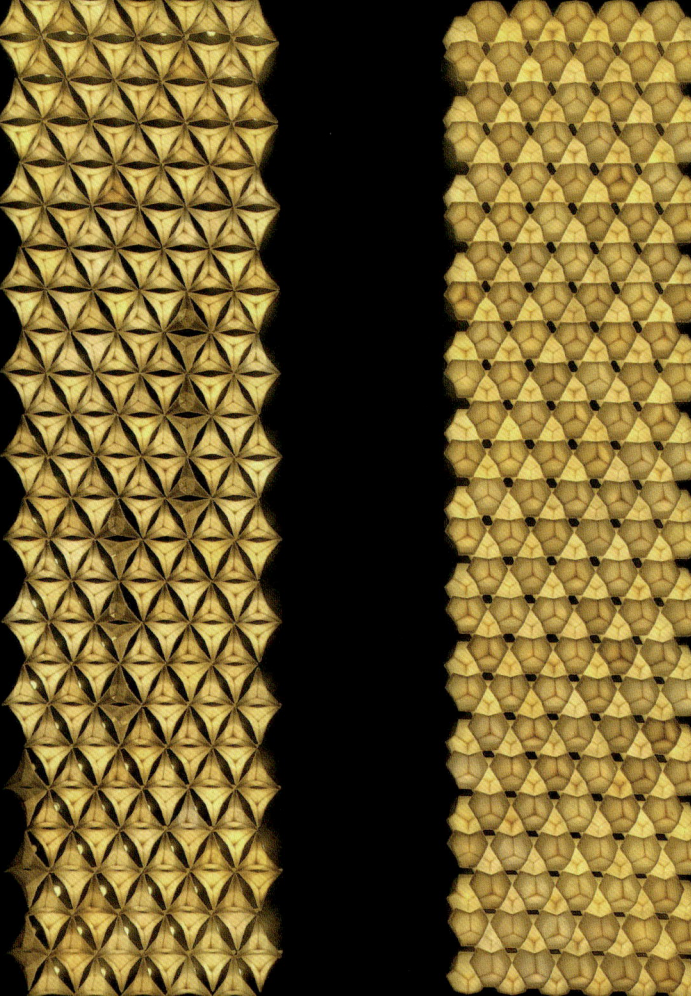

지금은 무의미해진 시간들
지난 시간들 속에는
감당하기 어려워 울었던 날들이
얼마나 많았었는지

가슴에 눈물 가득해 끄적이다

평판은 사람들의 생각이고
인격은 내 자신이다
사람들의 생각에 기준이 되어 살 것인가
내 자신을 위해 살 것인가

소나기 피해 처마 밑에서 끄적이다

동일한 상황 속에서도
누군가는 최상의 선택일 수 있고
누군가는 최악의 선택일 수 있다

선택의 기로에서 끄적이다

지금의 굴곡 있는 삶은
비록 내가 만든 삶이지만
알면서도 너무 가슴 아프네요

하염없이 눈물 흘리며 끄적이다

되돌릴 수 없는 시간은
그 누구도 어떻게 할 수 없다

바닥보다 끄적이다

의미 없는 과거가 없듯이
가치 있는 현재의 나날이 되길

가치 있는 날들이 있길 바라며 끄적이다

기대보지 않아
어깨 한 켠 내어줄 수 있는
방법을 모르는 난
어찌해야 하나요

냉정해지는 내가 싫어서 끄적이다

인생은 고스톱과 같아서
고 아니면 스톱

화투 보다가 끄적이다

왜 그렇게
죽기살기로 일하냐고요
이렇게 안하면
어둠같은 세상에서
살아갈 수가 없으니까요

사무실 의자에 기대어 끄적이다

사람과 사람 사이에서
가장 이상적인 관계는
서로가 배우는 관계이고
가장 치명적인 관계는
서로가 가르치려 하는 관계이다

복잡한 인간관계 사이에서 끄적이다

그럴 때가 있었다
저 높은 빌딩 숲 사이에서
우뚝 서고 싶었다
하지만 저 수많은 빌딩 숲에는
내가 설 자리가 없었다
그 이유는
하늘과 땅을 보지 못한 채
그저 빌딩 숲에서만 서고자 했던
어리석음이었다

옥상에 서서 끄적이다

기댈 곳이 없었어요
아니 기대지 않았어요
이게 내가 할 수 있는
유일한 선택이었어요

기댈 수 없는 현실에 끄적이다

안 하는 게 아니라
못 하는 거에요
그렇게 살아보지 않아
누가 알려주지 않아
자존심이 센 것이 아니라
진심으로 모르는 거에요

진짜 방법을 몰라서 끄적이다

무언가를 갖고 싶다면
그 가치만큼 무언가를 희생해야 한다
세상은 거저 주어지는 것은
절대 하나도 없다

외눈박이였던 내게 끄적이다

T라 냉정 냉철한게 아니라
누군가가 함께 살아가는 법을
알려주지 않아 모르는거에요

T와 F 사이에서 끄적이다

서평 석 달 안에 책쓰기 & 책읽는 마을 블로그 中

작가의 삶이 어땠길래
황량한 벌판에 선 아이처럼
외롭고 허전하고
목마른 눈동자가 그려진다

이 책은 가급적 읽지 않는게 좋다
자꾸만 멈춤이 오니까
문득 아무것도 없이
고요해지고
한번씩 다른 세계로 들어가 버리니까 말이다

갑자기 세상이 날아가버리고
하늘도 사라지고
아무도 없는 들판에
홀로 서 있는 듯

애어른으로 살아야만 했었던 이야기들
아이가 성숙하게 보인다는 것은
슬프다는 것
맘대로 살 수 없다는 것
남들과 다르게 살았어야 한다는 것
그러한 아픔이 스며들어 있기 때문이다

서평글을 읽으며

운전대를 잡고 눈 속을 헤집고 오는 동안
오열을 멈출 수 없었다

차를 잠시 멈추고
하나하나 글귀를 눈으로 음미하면서
온 몸 세포 가득 소름이 돋으며
뇌의 산소를 빼가는 듯
심장을 조여들며
신경들이 터지는 것만 같았다
내가 살아온 불혹만큼의
시간이 들켜버린 듯
순간 알몸으로 세상을 맞이한 느낌이었다

이런 오묘한 기분이 처음이었다

'끄적이다' 에세이를 첫 출간하고
참 많은 감정들을 느끼고 있지만
어떠한 단어로 표현할 수 없는
아니 하지 않을 '무엇'이 나를 오열케 했다

눈에서 흘렀을 뿐
내가 살아 온 삶의 전부가 흘러나온 것이었다

이 글은 한 분의 서평글 중의 일부지만
내겐 나를 대변해주는 전부다

내게 끄적이다

1판 1쇄 발행　2024년 4월 22일

지 은 이　　문성환
펴 낸 곳　　도서출판 책여정
편　　집　　한송이
디 자 인　　한송이
문　　의　　031.884.4490 ｜ msh8477@naver.com
등록번호　　213-54-00730
등록일자　　2023년 8월 9일
주　　소　　강원특별자치도 춘천시 스무숲1길 42-4, 3층

ISBN　　979-11-984266-0-4 (13800)

· 이 책의 판권은 지은이와 책여정에 있습니다.
· 책 내용의 전부 또는 일부를 이용하려면 책여정의 동의를 받아야 합니다.